CB015034

ÚLTiMAS MENSAGENS RECEBIDAS

TAMBÉM DE EMILY TRUNKO

CARTAS SECRETAS
JAMAIS ENVIADAS

ORGANIZAÇÃO
Emily Trunko

ÚLTiMAS MENSAGENS RECEBIDAS

TRADUÇÃO Fabricio Waltrick

SEGUINTE
O selo jovem da Companhia das Letras

Grafia atualizada segundo o Acordo Ortográfico da Língua Portuguesa de 1990, que entrou em vigor no Brasil em 2009.

TÍTULO ORIGINAL **The Last Message Received**
CAPA, PROJETO GRÁFICO, ILUSTRAÇÕES E LETTERING **Ale Kalko**
FOTOS **Shutterstock**
PREPARAÇÃO **Gabriela Ubrig Tonelli**
REVISÃO **Luciana Baraldi**
      Clara Diament

Dados Internacionais de Catalogação na Publicação (CIP)
(Câmara Brasileira do Livro, SP, Brasil)

Últimas mensagens recebidas / organização Emily Trunko; tradução Fabricio
   Waltrick – 1ª ed. – São Paulo : Seguinte, 2017.

   Título original: The Last Message Received.
   ISBN 978-85-5534-060-4

   1. Últimas mensagens - Blogs - Literatura juvenil 3. Tumblr (Recurso
eletrônico) 4. Tumblr (Recurso eletrônico) - Literatura juvenil I. Trunko, Emily.
II. Waltrick, Fabricio.

17-07576   CDD-028.5
Índice para catálogo sistemático:
1. Tumblr : Mensagens : Literatura juvenil 028.5

3ª reimpressão

[2020]
Todos os direitos desta edição reservados à
EDITORA SCHWARCZ S.A.
Rua Bandeira Paulista, 702, cj. 32
04532-002 – São Paulo – SP
Telefone: (11) 3707-3500
www.seguinte.com.br
contato@seguinte.com.br

/editoraseguinte
@editoraseguinte
Editora Seguinte
editoraseguinteoficial

ESTE LIVRO É DEDICADO A QUALQUER PESSOA QUE JÁ RECEBEU UMA ÚLTIMA MENSAGEM NA VIDA.

QUE ESTAS FRASES POSSAM LHE MOSTRAR QUE VOCÊ NÃO ESTÁ SÓ.

APRESENTAÇÃO

VOCÊ NUNCA SABE QUAL MENSAGEM SERÁ A ÚLTIMA TROCADA COM ALGUÉM.

A menos que você seja uma das pessoas mais sortudas do mundo, provavelmente já teve de lidar com o fim de uma amizade ou de um relacionamento, ou com a morte de uma pessoa próxima. Algumas de suas últimas conversas talvez tenham sido banais, um bate-papo inofensivo antes de uma morte prematura, ou uma briga explosiva entre você e o seu ex-melhor amigo.

A ideia de criar o Tumblr **The Last Message Received** surgiu quando eu estava sentada de pijama na minha sala alguns meses antes do meu aniversário de dezesseis anos. Naquele mesmo dia, pedi contribuições e submissões e fiquei abismada com a quantidade de mensagens que começou a chegar. Desde o início, **The Last Message Received** teve um grande impacto em muitas vidas, inclusive na minha. Ele ajudou a trazer paz a pessoas que tiveram que lidar com a morte repentina de alguém próximo, e mostrou àqueles com tendências suicidas o efeito destruidor que suas ações teriam na vida de quem deixassem para trás. Ele ensinou a muitos que deveriam ter mais cuidado com as mensagens que enviam, e lembrou a outros o quanto é importante dizer o que sentem enquanto ainda há tempo.

Depois de uma entrevista que dei a uma rádio, o homem que atendia as ligações dos ouvintes apertou minha mão e me agradeceu. Ele disse que a minha fala o tinha inspirado a mandar uma mensagem para a mãe dele dizendo o quanto a amava. Esse impacto sobre as pessoas me deixa honrada. Acho que esse Tumblr tornou aqueles que o leram muito mais conscientes e atenciosos. De uma maneira delicada, ele mudou o mundo.

Espero que estas mensagens, que revelam emoções humanas que vão do sofrimento ao amor, da alegria à dor e tudo que existe no meio disso, possam mudar sua vida também.

EMILY TRUNKO

VOCÊ FOI SEMPRE MEU CÉU, MAS EU ERA SÓ MAIS UMA ESTRELA NO SEU.

NÃO

ESQUEÇA

O

CAMINHO DE

VOLTA   PARA

MIM

VOCÊ TEM TANTAS PERSONaLIDADES, E EU NÃO GOSTO DE NENHUMA

Última mensagem que recebi do meu melhor amigo desde o primeiro ano do ensino fundamental.
Sou bipolar e ele decidiu que não conseguia mais lidar
com os problemas que apareciam quando eu estava por perto.

EU NUNCA TERIA IDO
PRA CAMA COM VOCÊ SE
SOUBESSE 1% DO QUE SEI AGORA.
POR FAVOR, SUMA DA MINHA VIDA
PARA SEMPRE. QUERO FINGIR QUE
VOCÊ E O BEBÊ NÃO EXISTEM.
RESPEITE ISSO, POR FAVOR.
É O QUE SINTO. NÃO PRECISA RESPONDER.

Essa não foi a primeira vez que ele me disse isso, mas fiz questão de que fosse a última. Nós nos amávamos tanto que acabamos implodindo. Ele me magoou e quase me destruiu. Não éramos e não somos bons um para o outro. Ele é instável e nada do que eu pudesse fazer seria suficiente para ele. Embora talvez seja melhor e mais seguro não tê-lo em nossas vidas, fico péssima por nosso filho não ter um pai. Mas quem está perdendo é ele. Meu filho é incrível.

Não se preocupe demais comigo.

Vai dar tudo certo.

Preciso correr, amor.

Faltam só nove dias!

Ele disse isso dois dias antes de o comboio militar em que estava explodir na Líbia, e uma semana antes de eu segurar sua mão e sentir seu coração parar de bater. Já faz dois anos e às vezes ainda acordo pensando que ele vai atender o celular se eu ligar.

SINTO FALTA DO MEU AMIGO.

DESCULPA, MAS NÃO ESTOU A FIM
DE INVESTIR NISSO. SERIA ERRADO
FINGIR O CONTRÁRIO. NÃO GUARDO
RANCOR DE VOCÊ, MAS TAMBÉM
NÃO TENHO VONTADE NENHUMA
DE RECONSTRUIR UMA COISA
QUE ACABOU SE TORNANDO
UM ERRO PARA NÓS DOIS.

SE É ISSO QUE VOCÊ QUER,
NÃO CONCORDO, MAS VOU
RESPEITAR O QUE VOCÊ DECIDIR.
PROVAVELMENTE NÃO DARIA CERTO.
EU MUDEI MUITO.

Um dos meus melhores amigos da vida. A gente teve um rolinho por mais ou menos uma semana. Um mês depois, ele parou de falar comigo de repente. Passados seis meses, disse a ele que gostaria que voltássemos a ser amigos. Ele respondeu que não conseguia manter uma amizade com alguém com quem já tivesse se envolvido. E agora somos como desconhecidos de novo. Nunca encarei nossa amizade como um erro. E me magoa saber que ela significou tão pouco para ele.

Não esqueça: foi você que estragou tudo.

Depois de eu terminar com ele por ter me dado um soco na barriga
porque eu estava grávida e enjoada demais para transar.

Assisto de você

JÁ DORMIU?

OI, AONDE VOCÊ FOI?

Meu namorado à distância e eu nos falávamos por telefone toda noite antes de dormir. Estávamos no meio de uma conversa quando um amigo apareceu na casa dele. Meu namorado perguntou se podia me ligar depois. Caí no sono enquanto esperava. Sua ligação e a mensagem à 0h40 foram os últimos contatos que tive com ele. Ele morreu no meio da noite após uma convulsão. Nunca pude me despedir ou dizer "eu te amo" pela última vez. Ainda sinto muita culpa, raiva e tristeza, mesmo depois de tantos anos.

NÃO VOU DIRIGIR BÊBADO. PROMETO. TE LIGO MAIS TARDE, AMOR.

Ele dirigiu. E morreu naquela noite ao bater de frente com outro motorista bêbado. Ele tinha 22 anos.

DESCULPA SE TE MAGOEI.
MAS É ELA QUE EU AMO.
SEMPRE AMEI.

Depois de me apaixonar perdidamente por um garoto que disse que nunca me deixaria.
Desde então não nos falamos mais. Sinto muita saudade dele.

EI, FOI LEGAL ONTEM À NOITE!

É... MAS NÃO ME
ESCREVA MAIS, POR FAVOR.

POR QUÊ? FIZ ALGUMA
COISA ERRADA?

SÓ FIQUEI PENSANDO E
SEI LÁ... NÃO GOSTO
MUITO DE VC.

AH, OK.

É QUE NÃO QUERO QUE
ME VEJAM POR AÍ COM
ALGUÉM TIPO VC.

SEM OFENSA KKK

VOCÊ É A FILHA MAIS DESGRAÇADA DO MUNDO E O MAIOR ERRO DA MINHA VIDA. PARABÉNS POR FINALMENTE TER ACABADO COM A NOSSA FAMÍLIA.

As últimas palavras do meu pai antes de me empurrar escada abaixo. Ele me batia sem minha mãe saber durante anos. (Ele fazia isso enquanto ela estava no trabalho, e eu achava que ela jamais acreditaria se eu contasse.) Ele era bipolar, mas se recusava a tomar os remédios e estava tendo um dia particularmente ruim. Ele tinha berrado com a minha mãe por causa de alguma coisa.
Corri até eles porque fiquei com medo de que ela fosse apanhar. Ele ficou possesso por eu ter me intrometido e me deu uma bofetada com as costas da mão e um chute na frente da minha mãe. Essa foi a gota d'água. Ela pegou nossas coisas e avisou que estava indo embora. (Eles não eram mais felizes, mas ainda estavam juntos por serem meus pais.) Peguei as coisas do meu quarto e estava tentando correr pela escada quando ele me agarrou e me jogou lá embaixo. Hoje ele tem outra família. E rezo para que não esteja batendo nos novos filhos.

Você

precisa

ser

realista.

Meu melhor amigo depois que contei que uma editora estava interessada no romance que escrevi. Nunca respondi e não soube mais dele. O livro vai sair em janeiro.

EI, VC VAI NO MEU
JANTAR DE FORMATURA?

NÃO. PASSO

TÁ. ENTÃO É PRA EU ENTENDER
QUE A NOSSA AMIZADE ACABOU?

SIM

Uma palavra que acabou com tudo. Começou com uma briguinha, mas depois as coisas desandaram e nos afastamos. Tentamos nos entender, mas senti que ela não estava disposta a se esforçar para salvar a amizade. Poucas semanas depois de pararmos de nos falar, ela me mandou essa mensagem e acabei escolhendo meu orgulho àquela amizade.

Eu simplesmente não sentia aquele frio na barriga quando te via.

VOCÊ NÃO APARECEU.

POR QUÊ?

PORQUE NÃO TE AMO MAIS.

Eu o convidei para assistir a minha peça todos os dias durante um mês,
e ele sempre dizia que iria porque, afinal de contas, amigos são para essas coisas.
Só que ele nunca foi. Eu perguntei por quê, e essa foi a resposta.

POR FAVOR,
PARA DE USAR MINHA NETFLIX.
FALANDO SÉRIO. PARA.

Terminei com ele pelo Facebook depois de cinco anos de namoro.
A coisa mais lixo que já fiz na vida.

ACHO QUE A GENTE DEVIA TERMINAR.

NÃO FALA ISSO, CABEÇÃO.

NÃO É ZOEIRA... TAVA PENSANDO E SEI LÁ... NÃO CONSIGO TE VER NO MEU FUTURO. VC É INCRÍVEL, A GENTE SEMPRE SE DEU SUPERBEM E PASSEI MOMENTOS LINDOS AO SEU LADO. JURO QUE NÃO É PESSOAL. SÓ NÃO CONSIGO ME IMAGINAR NUM FUTURO COM VC.

SE É ISSO QUE VC SENTE.

DESCULPA, NÃO QUERIA QUE FOSSE ASSIM. SÓ NÃO CONSIGO VER.

ENTÃO ESSA É A ÚLTIMA VEZ QUE ME APAIXONO POR VOCÊ. ACHO MELHOR A GENTE PARAR DE SE FALAR.

Ela não conseguia enxergar uma vida comigo.
Para mim está sendo difícil enxergar uma vida sem ela.

TÔ BÊBADO MAS TE AMO PRA VALER

Ele não conseguiu chegar em casa naquela noite. Um motorista embriagado bateu nele com tudo a 80 km/h numa avenida cujo limite era 50 km/h. Ele era meu melhor amigo.

QUERO QUE VOCÊ MORRA.

Namoramos por quase um ano e agora estou grávida de quatro meses do filho dele.
Terminamos e ele está com raiva porque não fiz um aborto.

AGORA NÓS DOIS ESTAMOS SOLTEIROS.

VC TÁ FALANDO SÉRIO?

TÔ.

ENTÃO VOCÊ TÁ TERMINANDO COMIGO?

TÔ.

ENTENDI.

ENTÃO É ISSO?

É.

Queria acreditar que era uma piada. Mas não era. Já faz seis meses e eu ainda o amo. Acho que essa é uma das piores formas de terminar com alguém.

VOCÊ DEVERIA TER SIDO MINHA ESCOLHA ÓBVIA, E SOU UMA ANTA POR NÃO TER ENXERGADO ISSO.

EU TAVA LENDO NOSSAS MENSAGENS ANTIGAS E ME DEU MUITA SAUDADE DA GENTE.

ele disse que me amava. me fez sentir como se eu fosse tudo para ele.
seis semanas depois, me acusou de traí-lo com meu melhor amigo, que é gay.
então terminou comigo. um mês depois ele me mandou isso.

EU TE AMO DE VERDADE. VOCÊ SABE DISSO, NÉ?

Ela entrou no mar para nadar. O corpo nunca foi encontrado. Acham que foi suicídio.
Ela era minha namorada fazia dois anos. Eu também a amava de verdade.

BOA NOITE, MEU AMOR, E TENHA BONS SONHOS.

O cara que eu gostava me disse isso um dia antes de ser convocado para o serviço militar.
Ele foi para o combate, levou um tiro no peito e morreu na hora.

SINTO QUE QUERO
NOSSA AMIZADE DE VOLTA.

DANE-SE.

Não nos falamos mais desde então.

EU TE AMO.
NUNCA ESQUEÇA DISSO.

EU TE
AMAVA.

Ela partiu para outra. Eu não.

SINCERAMENTE, EU NÃO ESTAVA PRONTO.

PRECISO FALAR
A VERDADE...

VOCÊ PARTIU
MEU CORAÇÃO

NÃO FIZ DE
PROPÓSITO

EU SEI

DESCULPA

ACHO QUE ME APAIXONEI POR VOCÊ ... MAS NÃO POSSO PERDÊ-LA.

EU ACHAVA QUE VOCÊ ERA MELHOR QUE ISSO.

O garoto que olhava para mim como se eu fosse uma estrela. Nunca vou me perdoar por ter magoado meu melhor amigo. Faz onze meses que ele não fala comigo.

Eu estava tentando encontrar minha amiga num show, mas estava difícil com o lugar tão lotado e barulhento. Já estava quase indo embora quando a vi atravessando a multidão, como o lindo raio de luz que ela era. Dançamos uma música antes de eu decidir ir embora, porque já estava ficando tarde. Ela disse que me amava e me deu um abraço. Na manhã seguinte, quando cheguei ao trabalho, ela ainda não tinha aparecido para o seu turno. Liguei e mandei mensagens perguntando se ela não tinha conseguido acordar a tempo. Algumas horas depois, soube que, naquela manhã, a caminho do trabalho, o carro dela havia saído da pista e batido em uma árvore, e ela tinha morrido. Faltavam apenas algumas semanas para ela se formar no ensino médio. Sempre que penso nela, lembro de como parecia feliz e radiante na noite antes de morrer, e sei que ela está em paz, mas meu coração ainda dói todos os dias.

NADIAAAA

TE AMO, NADS

Nadia me mandou uma mensagem com o nome dela para eu saber seu número novo
– o mais recente de todos, já que ela vivia trocando para evitar seu ex-namorado abusivo.
No dia 28 de novembro, ele deu um tiro na nuca dela. Ela morreu no dia seguinte.
Era seu aniversário.

ESTOU CHEGANDO AGORA NA ROTATÓRIA.

CHEGO AÍ EM 10 MINUTOS.

Ele estava indo me buscar quando um carro bateu no dele, fazendo o veículo cair em um barranco. Ele não acordou mais. Nunca pegaram o motorista culpado.

BOA SORTE LÁ HOJE. ;-)

SERIA MELHOR SE VOCÊ FOSSE.

Tive um desentendimento com meu pai depois que ele me magoou e mais tarde ainda fez pouco-caso. Disse a ele que não iria ao seu casamento, que aconteceria em breve. No dia da cerimônia, mandei uma mensagem de boa-sorte, que ele respondeu, e eu ignorei. Depois disso não nos falamos mais, sobretudo porque éramos igualmente teimosos. Seis meses mais tarde eu estava ao lado de sua cama enquanto ele morria de uma hemorragia cerebral. Não me arrependo de não ter ido ao casamento. O que lamento tremendamente é não ter tido mais contato com ele depois, e vou morrer com esse arrependimento.

NÃO É QUE EU NÃO TE AMO MAIS, É QUE NA VERDADE EU NUNCA AMEI.

POIS É, ESTOU ESTUDANDO PSICOLOGIA, MAS NÃO ESTOU ATENDENDO PACIENTES AINDA.

Isso foi depois de eu ter tomado um vidro de comprimidos
e mandado uma mensagem dizendo que não era culpa dele, para ele não pensar
isso caso as coisas acabassem do jeito que eu havia planejado naquela noite.
Namoramos por três anos. Ele foi meu primeiro amor, meu primeiro *tudo*.
Sinto saudade de quem ele costumava ser. Amável.

SUA LIGAÇÃO
ME ACORDOU.

TÔ COM TANTA
SAUDADE...

EU PARTI PRA
OUTRA E VOCÊ
DEVERIA FAZER
O MESMO.

Depois disso parei de tentar, mas continuo sentindo a falta dele todos os dias.

FALEI PRA VOCÊ ME DEIXAR EM PAZ.

EU TE AMO.

MÃE: ESTOU CANSADA. VOU DESLIGAR.

EU: TÁ BOM, MÃE. TE AMO. A GENTE SE FALA AMANHÃ.

MÃE: MAIS UMA COISA: CASE COM ELA.

EU: QUÊ?

MÃE: CASE COM ELA. TE AMO.

Essa foi a última conversa que tive com a minha mãe antes de ela morrer por complicações de um acidente que havia sofrido algumas semanas antes. Ela só tinha visto minha namorada duas vezes antes de morrer, mas sabia que éramos feitos um para o outro. Minha mãe morreu em janeiro de 2011; fiz o pedido de casamento em dezembro daquele ano. Casamos e tivemos uma filha. Não há um dia que eu não deseje que minha mãe estivesse aqui para conhecer a neta. Minha mãe sabia. Ela simplesmente sabia.

MEU AMOR,
LEMBRE-SE:
NÃO IMPORTA O QUE ACONTEÇA,
SEMPRE VOU ESTAR DENTRO DO
SEU CORAÇÃO ESPALHANDO AMOR
POR TODA A SUA VIDA.
SEI QUE VOCÊ ESTÁ PASSANDO
POR UM MOMENTO DIFÍCIL,
MAS BASTA FECHAR OS OLHOS
QUE ESTAREI AO SEU LADO.

SINTO MUITO POR NÃO PODER ESTAR
MAIS COM VOCÊ, MAS NÃO
CONSIGO MAIS VIVER COMIGO MESMA.
VOU AMAR VOCÊ E SEU PAI PARA SEMPRE,
MAS AGORA PRECISO ENCONTRAR MINHA PAZ.

Hoje faz um ano que minha mãe me mandou isso. Eu estava no hospital na época e só recebi a mensagem um dia depois. Minha mãe teve uma overdose no mesmo dia que eu deveria receber alta. Nem tive a chance de dizer que a amava ou de tentar salvá-la. Me culpo por isso todos os dias. Mãe, te amo e sinto muito a sua falta.

NÃO TE AGARREI E TE
BEIJEI À TOA. ERA O
QUE EU SENTIA.
FOI O QUE SEMPRE SENTI.
AQUELE FOI O ÚNICO JEITO
QUE ENCONTREI PARA DIZER
ISSO, PORQUE NÃO CONSEGUIA
ACHAR AS PALAVRAS CERTAS.
NÃO DEIXE NADA TE DETER.
VOCÊ PODE TER TUDO
O QUE QUISER,
VOCÊ É JOVEM E INCRÍVEL...
EU QUERIA TER ME ESFORÇADO
MAIS POR NÓS.

Minha (ex) namorada de um ano e sete dias me mandou isso um ano depois de terminarmos, no dia em que teríamos comemorado nosso aniversário de dois anos de namoro.

DROGA.
EU TE AMO.
EU TE AMO TANTO.

Ele terminou comigo porque não somos da mesma religião
e ele acha que Deus o odeia por ter se relacionado comigo.

DIGA ADEUS, ATÉ NUNCA MAIS... TÔ INDO NESSA! FUI

QUÊ??

Quando respondi, ela já tinha morrido. Minha melhor amiga me mandou essa mensagem e se enforcou em seguida.

ESTÁ TUDO SOB CONTROLE, JURO :)

Ele morreu no dia seguinte de uma ruptura do esôfago porque, como homem, estava constrangido demais para pedir ajuda e tratar sua bulimia. Foi só por causa dele que decidi tratar meu próprio distúrbio alimentar.

ESPERO QUE O UNIVERSO TE PAGUE EM DOBRO TODO O MAL QUE VOCÊ ME FEZ.

Minha namorada de dois anos disse isso quando a deixei por não aguentar mais aquele relacionamento tóxico. Depois ela me mandou uma mensagem no Facebook desejando que eu morresse. Nunca respondi. Não nos falamos há quase dois anos.

EU SEI QUE

EU ERA UMA BOA AMIGA PRA VC. E UMA NAMORADA LEGAL TÁ.

SÓ QUERO QUE VOCÊ SAIBA

QUE EU MORRERIA POR VOCÊ. MAS QUE NÃO VOU VIVER PRA VOCÊ. POR FAVOR, PARA DE ME MANDAR MENSAGENS, A NÃO SER QUE SEJA PARA FALAR SOBRE AS COISAS QUE VOCÊ PRECISA ME DEVOLVER. DÓI DEMAIS.

EU TE AMO,
MAS VOCÊ
É TÓXICO PRA
MIM.

QUE DEMAIS!!
ACHEI TODOS
OS CDs DO
FOO FIGHTERS
QUE VOCÊ
GRAVOU
PRA MIM!!

UHUUU

Minha melhor amiga, Eryn. Não era fácil descrever nossa "amizade",
porque de vez em quando acabávamos ficando também.
Eryn foi atropelada por um trem quatro horas depois dessa troca de mensagens.
Ainda escrevo para ela e ouço Foo Fighters quando estou triste.

SINTO MUITO MESMO. NÃO VENHA ATRÁS DE MIM.

Recebi isso de um garoto com quem estava namorando havia quase dois anos. Eu era completamente apaixonada por ele. Ele se matou naquela noite. Ainda não consegui superar

QUANDO EU CHEGAR NO CÉU, VOU ENTRAR EM GRANDE ESTILO.

Ele me mandou isso um pouco antes de se matar com um tiro. A mensagem vinha com uma foto dele sorrindo, vestindo seu terno novo. Tínhamos terminado exatamente um mês antes.

ALIÁS SUA ALMA INSPIROU MEU VISUAL HOJE.

Ele mandou junto a foto da sua roupa. Toda preta.

É mais fácil
te podiar do
que sentir saudade.

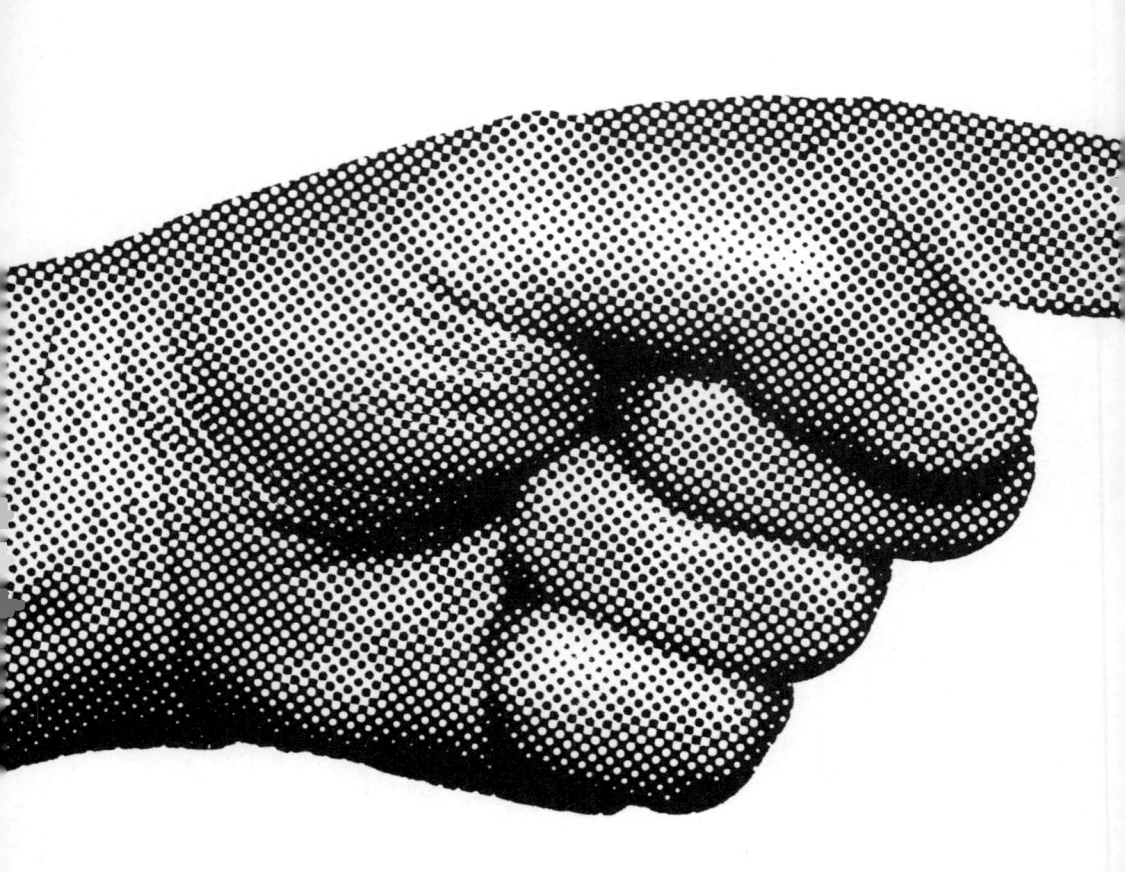

Meu ex-namorado disse quando terminamos. Numa mesma noite, descobri que ele mentia pra mim sobre sair com outras pessoas, que os sentimentos dele tinham mudado e que ele não me amava mais. Ele disse para eu não me matar porque os outros iam culpá-lo. Não porque ele não queria que eu morresse. Mas porque ele não queria ser considerado responsável pelo meu estado depressivo caso eu fosse longe demais. Ficamos juntos por dois anos. Eu me mudei para quase cinco mil quilômetros de distância da minha família e dos meus amigos só pra ficar com ele. Acabei ficando doente depois de um acidente feio de carro, e isso se transformou em uma depressão profunda que me fez mergulhar em um transtorno bipolar. Esse foi o resultado na minha vida amorosa.

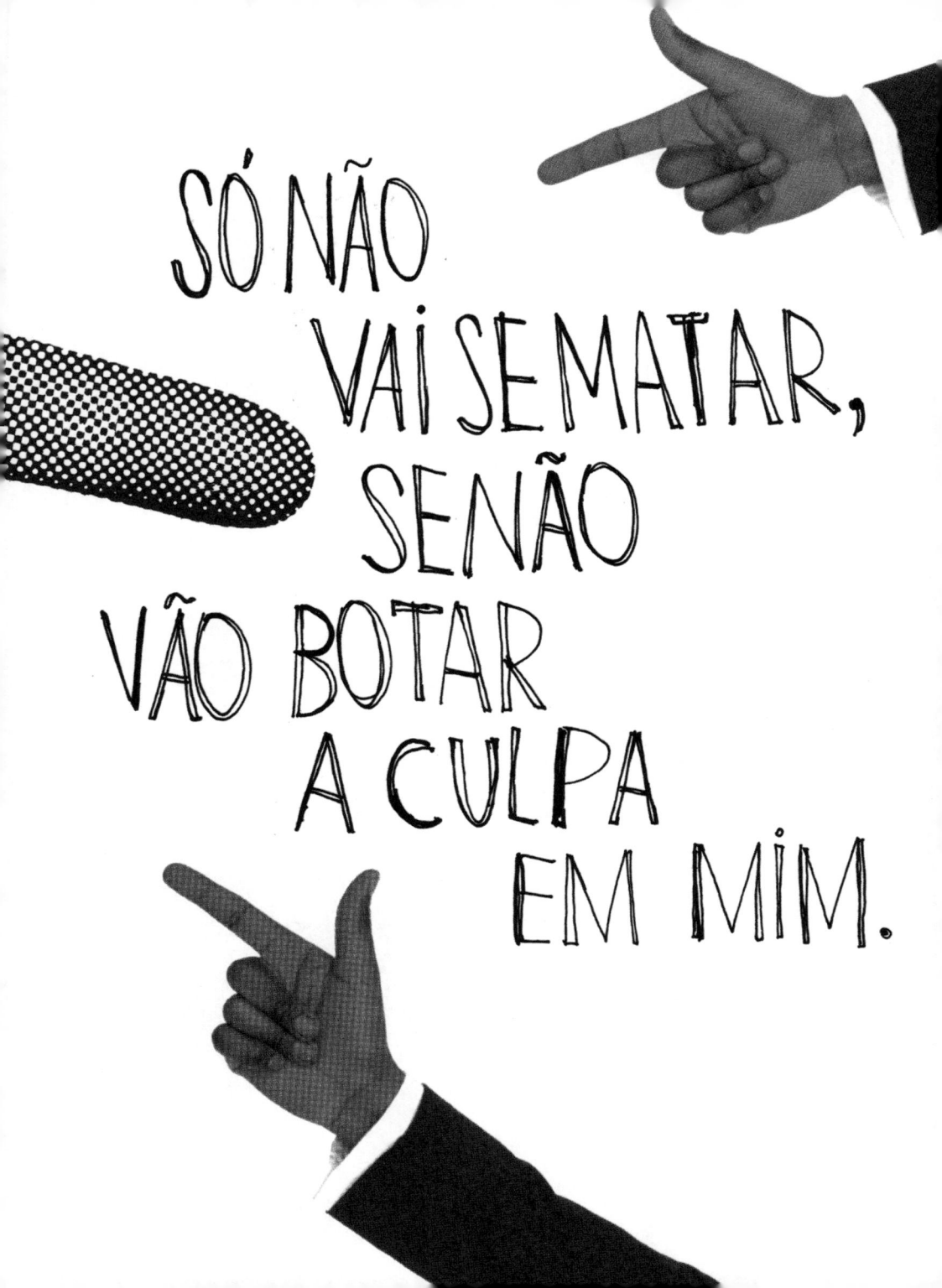

MALAS PODEM SER SUBSTITUÍDAS, ASSIM COMO VOCÊ.

Disse o cara com quem namorei durante um ano (depois de eu ter pegado uma mala dele emprestada e não ter devolvido).

VOCÊ CAIU NA MINHA VIDA COMO UMA BOMBA, E AINDA ESTOU RECOLHENDO OS CACOS DE CADA DISCUSSÃO, DE CADA TELEFONEMA COM OS OLHOS CHEIOS DE LÁGRIMAS, E TUDO EM MIM DÓI, MAS VOCÊ SABE COMO CONSERTAR.

VOCÊ É TIPO UM ANTIBIÓTICO.

UM POUQUINHO DE VOCÊ ME DEIXA BEM MELHOR, MAS QUANDO A DOSE É DEMAIS, CRIO UMA DEPENDÊNCIA, E MORRO DE MEDO DE NÃO SABER LIDAR COM ISSO.

Juntos durante anos, entre idas e vindas, até que a distância pesou demais.
Que belo desastre.

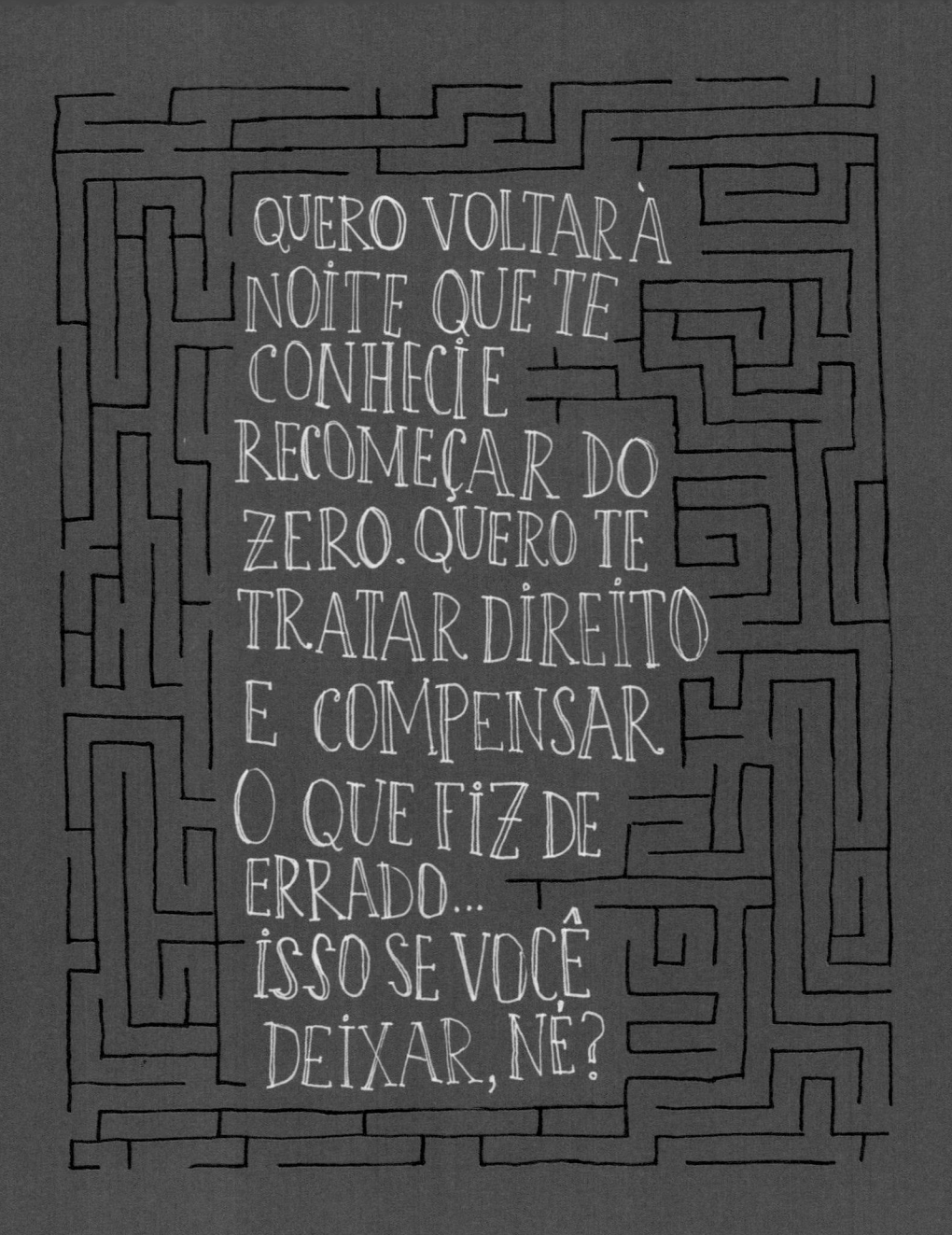

QUERO VOLTAR À NOITE QUE TE CONHECI E RECOMEÇAR DO ZERO. QUERO TE TRATAR DIREITO E COMPENSAR O QUE FIZ DE ERRADO... ISSO SE VOCÊ DEIXAR, NÉ?

Não deixei. Eu já tinha dado chances demais.
Apesar de tudo, ainda guardo essa mensagem... quase quatro anos depois.

DA PRÓXIMA VEZ QUE TENTAR COMETER SUÍCÍDIO, ESPERO QUE CONSIGA, AÍ TEREI UM MOTIVO LEGÍTIMO PRA NUNCA MAIS OLHAR NA SUA CARA IDIOTA.

Namoramos durante seis anos, mas ele me deu um pé na bunda depois que recebi o diagnóstico de depressão grave. Essa foi sua última mensagem depois de eu ter acordado na UTI, vinte e quatro horas após ele me deixar.

VOCÊ É UM BURACO NEGRO QUE ME SUGOU.

SAUDADE
DOCÊ,
MEU
DOCE
KKK

Um grande amigo e também o primeiro cara que beijei me mandou essa mensagem uma semana antes de ser assassinado. Ele tinha 24 anos. Todo ano, no dia do seu aniversário, escrevo isso em um bilhete, amarro em um balão e solto.

VOCÊ TEM ALGUM CONSELHO PRA MIM?
ESTOU COM UM PRESSENTIMENTO RUIM.

Última mensagem que recebi da minha amiga no dia que ela foi morta por um homem-bomba no Iraque. Eu tinha deixado aquele mesmo posto militar cinco dias antes. Respondi, mas ela nunca chegou a ver a mensagem. Eu disse para nunca ficar parada em um lugar aberto. Foi exatamente assim que ela morreu. Isso me assombra até hoje.

QUERIA QUE VOCÊ OLHASSE PRA MIM DO MESMO JEITO QUE OLHA O SOL SE PONDO E AS ESTRELAS.

Cerca de um mês depois de terminarmos, meu ex-namorado ficou chapado e me mandou essa mensagem. Ele nunca soube, mas eu olhava para ele do mesmo jeito que olhava o sol se pondo e as estrelas. Ele simplesmente nunca percebeu. Nunca soube. E continua não sabendo.

TALVEZ ISSO JÁ ESTIVESSE MESMO NAS CARTAS. NÓS SÓ SAÍMOS COM UMA MÃO RUIM.

As palavras mais verdadeiras que já vi, e isso é o que mais machuca.

POR FAVOR, NÃO CHORE. NÓS DOIS SABÍAMOS QUE ISSO IA ACONTECER. TUDO QUE VIVEMOS FOI INCRÍVEL E NUNCA VOU TE ESQUECER.

Terminamos nesse sábado porque vou me mudar para o Brasil em breve.
Ele mandou essa mensagem enquanto me via saindo do seu apartamento pela última vez.
Namoramos por sete meses.

KKKKK,
RELAXA AÍ.
PRA QUE FAZER
TODO ESSE
DRAMA?

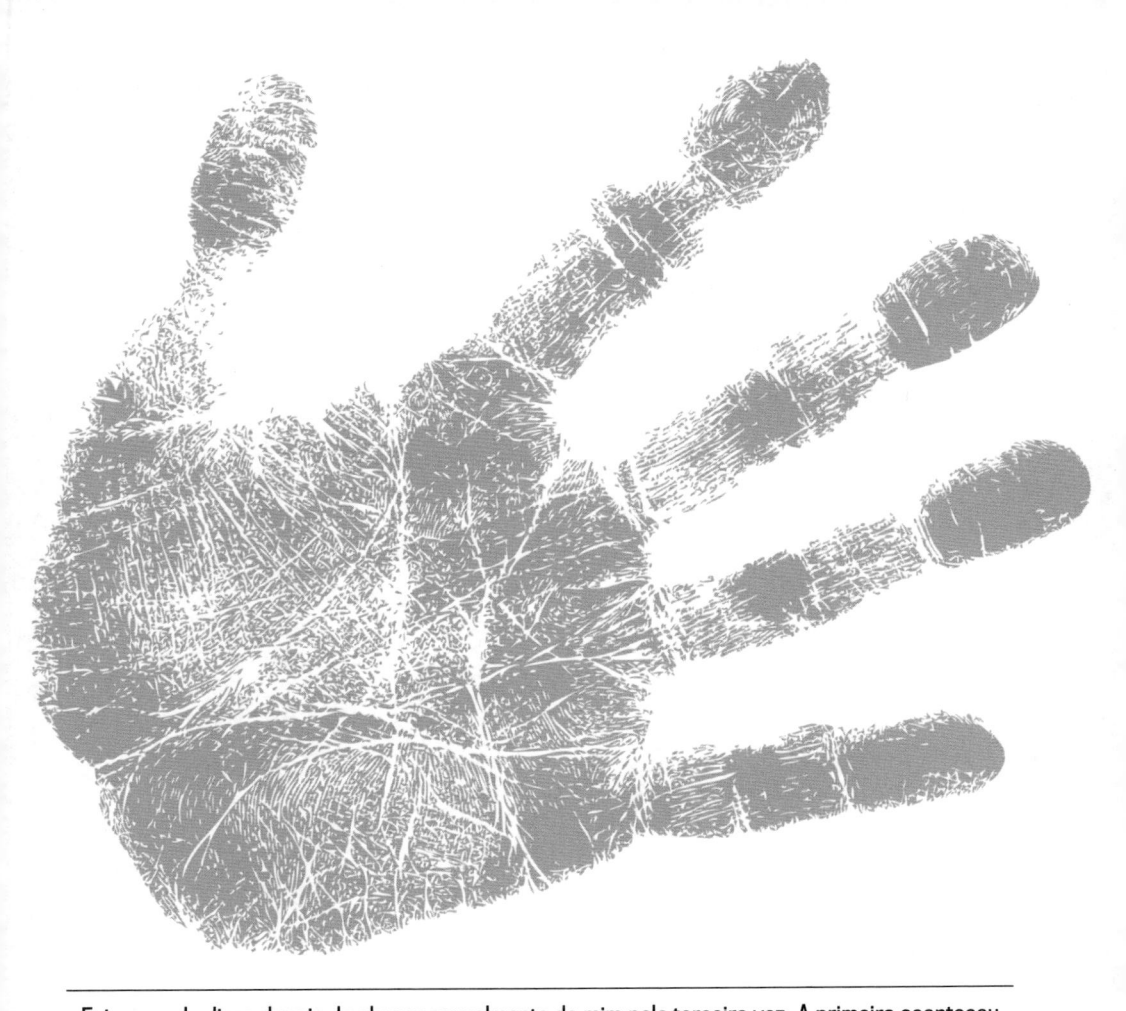

Foi o que ele disse depois de abusar sexualmente de mim pela terceira vez. A primeira aconteceu quando estávamos no cinema com amigos. Ele enfiou a mão embaixo da minha saia. Eu tinha doze anos e fiquei apavorada demais pra falar alguma coisa. A segunda foi na casa de um amigo. Quando cheguei e me dei conta de que ele estava lá, saí da sala pra ligar pros meus pais me buscarem. Ele me seguiu, me segurou à força, rasgou minha roupa e me violentou pelo que pareceram horas. Eu tinha treze anos. A última vez foi numa reunião de ex-alunos do colégio, e não sei como mas acabei no metrô ao seu lado e ele me pediu desculpas pelo que tinha acontecido anos antes. Minutos depois, ele me agarrou e me segurou contra o assento. Chegamos à nossa estação e saí correndo, mas não sem antes ele agarrar meu braço, me puxar para trás e quase arrancar minha roupa. Ele me soltou quando acertei uma cotovelada na barriga dele. Eu tinha dezessete anos. Fui pra casa e mandei uma mensagem: "Se você encostar o dedo em mim mais uma vez, não estou nem aí para o que você tem para usar contra mim, vou reunir todos os meus amigos e vamos atrás de você. Eu mesma vou cortar seu pinto fora".

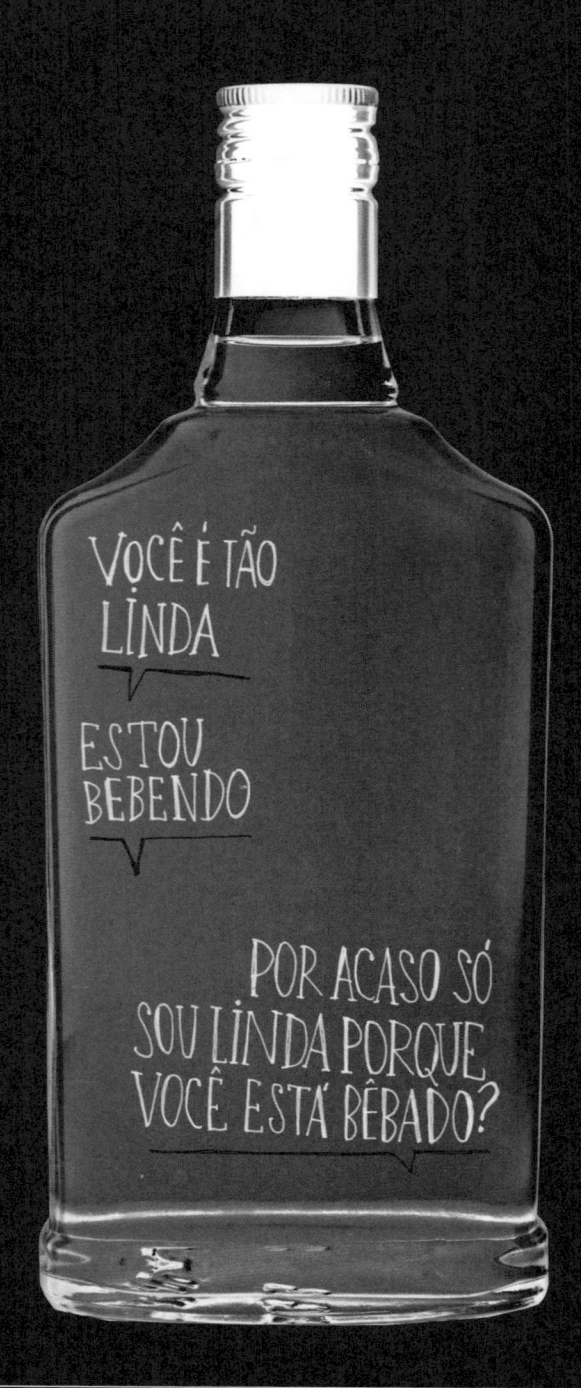

VOCÊ É TÃO LINDA

ESTOU BEBENDO

POR ACASO SÓ SOU LINDA PORQUE VOCÊ ESTÁ BÊBADO?

Ele nunca me chamou de linda quando estava sóbrio.

ESCOLHI MINHA NOVA VIDA EM VEZ DE VOCÊ.

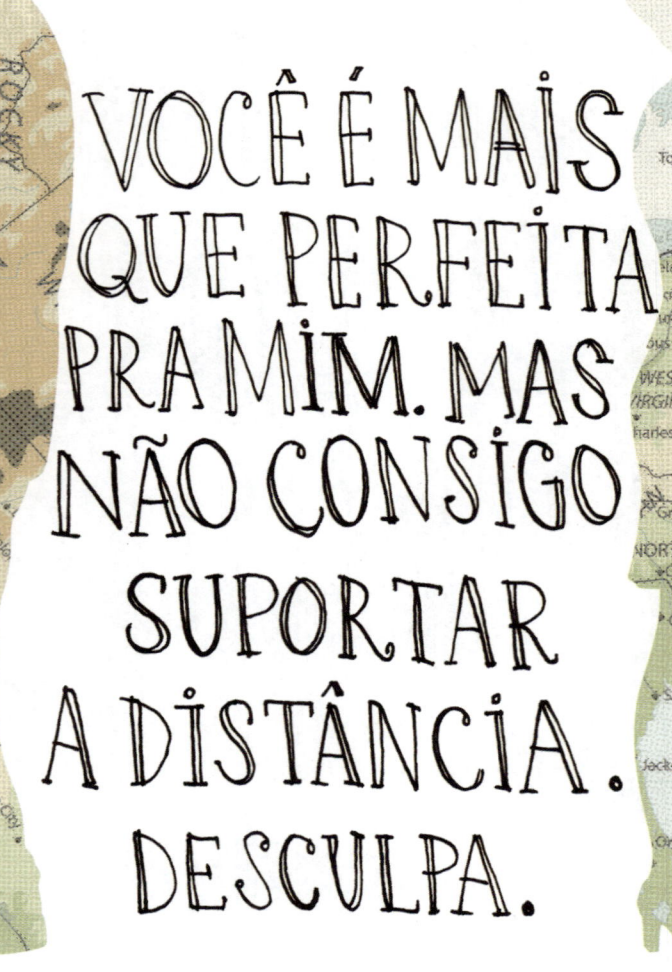

VOCÊ É MAIS QUE PERFEITA PRA MIM. MAS NÃO CONSIGO SUPORTAR A DISTÂNCIA. DESCULPA.

A última mensagem que ele me mandou. Nós estávamos a 785 km de distância.

VAMOS DAR UM
TEMPO ATÉ A SEMANA
QUE VEM MAIS OU MENOS
E VER COMO FICAMOS
ATÉ LÁ.

A NÃO SER QUE VOCÊ
QUEIRA OUTRA COISA.

NÃO, TÁ ÓTIMO, ME DÁ
ALGUMA ESPERANÇA, RÁ!

MAS SE VOCÊ PRECISAR
DE MAIS TEMPO, PODEMOS
DECIDIR DEPOIS DESSA SEMANA.

Eu o amo como jamais amei outra pessoa.

ELA FOI A MELHOR COISA QUE JÁ FIZ.

Meu pai, apontando para mim enquanto era levado para a cirurgia no cérebro que o deixaria em coma. Ele havia sofrido dois derrames no dia anterior, e pareceu melhorar por um ou dois dias, mas então sofreu outro pequeno derrame e seu cérebro começou a inchar. Dois dias depois ele entrou em coma. Resolvemos deixá-lo morrer em paz. Isso aconteceu duas semanas depois de eu ter me formado no ensino médio. Ele era meu herói e melhor amigo.

SINTO MUITO POR TER JOGADO O NOME DA FAMÍLIA NA LAMA.

Meu tio, na quarta carta que me mandou da prisão.

SUAS PRIORIDADES ESTÃO
COMPLETAMENTE ERRADAS.
MAS QUER SABER? ESTOU
CANSADO DE FALAR COM VOCÊ.
NÃO QUERO MAIS NOTÍCIAS
SUAS. ESTOU CANSADO
DE LIDAR COM VOCÊ.
BOA SORTE
COM A SUA VIDA.
PAI

Meu pai e eu havíamos brigado. Falei pra ele que não podia ligar porque estava estudando para minhas provas finais. Essa foi a resposta dele. Não nos falamos mais desde então.

Essa foi a última foto tirada da minha cachorra Roxy. Tivemos que sacrificá-la por causa de um câncer que avançou demais. Meus pais enviaram essa foto para o meu celular. Eles perguntaram se eu queria que me ligassem pelo FaceTime para eu dizer algo para ela e me despedir. Respondi que não, porque doía demais saber que a cachorra com a qual cresci não estaria presente para me receber quando eu voltasse da escola, em outro estado. Vou desejar para sempre que tivesse dito sim.

PFVR,
NÃO BEIJE MAIS
NINGUÉM

QUANDO ESTOU COM VOCÊ, EU PENSO NELE.

— POR QUE VOCÊ VOLTOU E ME BEIJOU?

— PORQUE EU QUERIA QUE VOCÊ ME FIZESSE FELIZ.

— MAS PARECE QUE NÃO TE FAÇO MAIS FELIZ.

— NÃO, NÃO FAZ. DESCULPA.

Estava apaixonada por esse cara desde os meus quinze anos. Ficamos juntos por dois anos e então ele terminou porque eu estava deprimida e mentalmente mal, e ele ficou com medo disso. Dois anos mais tarde, ele voltou, nós nos beijamos e ele confessou que nunca tinha deixado de me amar. Fiquei tão feliz. Alguns dias depois, ele terminou comigo com esse diálogo. Fui até a casa dele para conversar e lhe dar um livro que gostávamos de ler. Escrevi uma dedicatória dizendo que eu tinha certeza de que ele era minha alma gêmea e que eu o amava. Ele leu, jogou o livro de volta para mim e saiu.

POR FAVOR, NÃO ME LIGUE. NÃO POSSO OUVIR SUA VOZ. ESTAMOS FAZENDO A COISA CERTA E NO FINAL VAI FICAR TUDO BEM. EU TE AMO, LINDA, E VOU SENTIR SAUDADE PRA CARAMBA. TOME CUIDADO E ARRASE LÁ EM AUSTIN.

Nós duas somos lésbicas não assumidas e tivemos uma relação curta, porém intensa, durante cinco meses. Sabíamos que nossas famílias não aprovariam e que eu me mudaria em breve para fazer faculdade a nove horas dali. Eu estava disposta a mudar meus planos e ir para uma faculdade local para ficar com ela. Ela não deixou. Ela me mandou essa mensagem logo depois que demos nosso beijo de despedida.

NÃO VEJO UM FUTURO AO SEU LADO.

Tive um acidente de carro quase fatal. Meu namorado, com quem eu estava havia dois anos, começou a se distanciar, e essa foi a última coisa que ele me disse depois de descobrir que, devido a um traumatismo craniano, eu havia desenvolvido epilepsia. Essas palavras vêm à minha cabeça sempre que conto a alguém que agora sou epiléptica.

DANDO A VOLTA POR CIMA!

GANHANDO DINHEIRO, ESTUDANDO, UM ANO SÓBRIO EM JUNHO.

A VIDA NÃO PODIA ESTAR MELHOR.

ISSO É DEMAAAAAAIS!

FICO MUITO FELIZ EM SABER DISSO.

Última mensagem de um velho amigo com quem eu tinha perdido contato por causa do seu crescente problema com drogas. Falei com ele cerca de três semanas antes de ele ter uma overdose, e ele nunca tinha parecido tão feliz por estar sóbrio.

ESTAR FELIZ NÃO SIGNIFICA QUE TUDO ESTÁ PERFEITO. SIGNIFICA QUE VOCÊ ESTÁ FELIZ O BASTANTE PARA DEIXAR AS IMPERFEIÇÕES DE LADO

Minha amiga postou isso no Facebook alguns dias antes de ter uma overdose de heroína. Ela tinha 21 anos. A vida não é justa, mas a lembrança dela me mantém viva.

VOCÊ É UMA VADIA DESESPERADA POR ATENÇÃO! NÃO ME PROCURE MAIS.

Ele me traiu mais vezes do que posso contar com os dedos das mãos e dos pés juntos. O momento em que o confrontei foi a última vez que nos falamos.

É SÓ COLOCAR UM CURATIVO.

DA PRÓXIMA VEZ QUE EU TE ENCONTRAR, DOU UM BEIJINHO PRA SARAR.

Meu ex quando mandei uma mensagem dizendo que eu estava sangrando graças ao copo que ele tinha atirado em mim depois de uma discussão. Deixei-o naquele instante.

SIM, UM BEBÊ É UM MILAGRE. MAS NÃO PRA GENTE.

Última mensagem que ele mandou depois que contei que estava grávida e queria ter o bebê.

EU NUNCA TE QUIS MESMO. TENTEI ME MATAR TRÊS VEZES ENQUANTO ESTAVA GRÁVIDA DE VOCÊ.

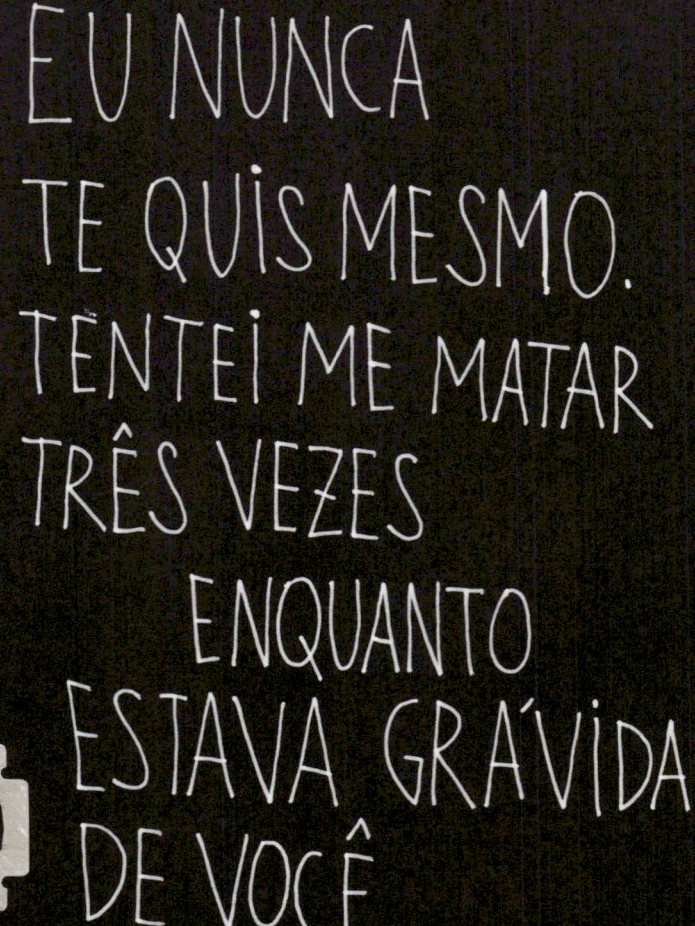

Minha mãe, ao ir embora pela última vez. Isso faz quase nove anos.
Eu tinha dezesseis. Eu também não te quero.

FELIZ 2016

SEM VOCÊ

OBRIGADO PELA VISITA. UM PÃOZINHO DOCE CAI

BEM MELHOR, QUANDO SE TEM COMPANHIA.

Última mensagem que recebi do meu avozinho antes de ele morrer.

VOCÊ ME FAZ SENTIR MAIS JOVEM TODA VEZ QUE ME DÁ UM BEIJINHO, QUERIDA.

Última coisa que a minha vó me disse na semana passada.
Ela morreu hoje durante a visita da minha mãe. Odeio o câncer.

NÓS ÉRAMOS DUAS ÁRVORES QUE CRESCERAM JUNTAS. MAS ACABAMOS CRESCENDO EM DIREÇÕES DIFERENTES.

EU TE AMO

MAS NÃO ESTOU APAIXONADO POR VOCÊ

Meu primeiro relacionamento era um clichê, então nada mais natural que terminasse com um.

FALO COM VOCÊ DEPOIS. TE AMO, IRMÃOZÃO.

Era assim que minha irmã normalmente terminava as mensagens de voz. Eu a encontrei morta hoje. Quando nosso irmão morreu em 2012, ela mergulhou numa depressão cada vez mais profunda, e eu lamentavelmente ignorei. Encontro conforto ao saber que agora eles estão juntos de novo.

SINTO MUITO MESMO.
EU NÃO TINHA ME DADO
CONTA DO QUANTO ISSO
ESTAVA MACHUCANDO
TODOS VOCÊS. ACHO QUE
EU SEMPRE TIVE TUDO
FÁCIL DEMAIS. ESTOU
REALMENTE TENTANDO.
EU...

DESCULPA. ESTAVA MUITO
OCUPADA NO FIM DE SEMANA.
VOCÊ AINDA PRECISA
FALAR COMIGO?

SPENCE? ME LIGA, POR FAVOR.

SPENCE.

Meu irmão se enforcou naquele dia. Depois da última mensagem, ele me ligou e deixou um recado na caixa postal. Eu não liguei de volta na hora porque sair com os meus amigos era mais importante e eu não queria mais ouvir suas lamentações. Quando liguei, já era tarde demais.

VOCÊ SÓ
QUER ALGUÉM
PARA CULPAR
POR SEUS
PROBLEMAS
MENTAIS E
EMOCIONAIS.

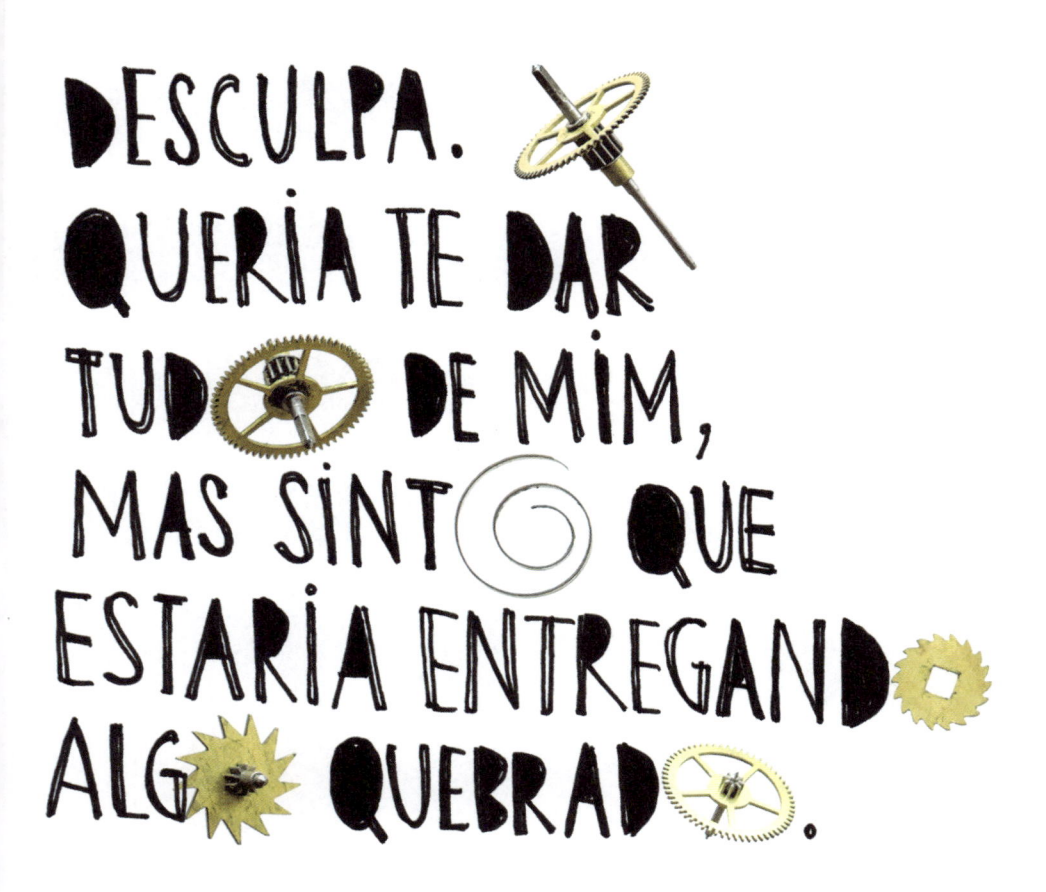

DESCULPA. QUERIA TE DAR TUDO DE MIM, MAS SINTO QUE ESTARIA ENTREGANDO ALGO QUEBRADO.

Comecei a sofrer com crises de ansiedade porque estava me apaixonando por ele, mas ele não se permitia receber meu amor. Ele achava que não era bom o suficiente para mim e que, além disso, não estava pronto para a intimidade que estávamos começando a construir. Precisei ser a mais forte e terminar antes que ficássemos ressentidos por não recebermos o que precisávamos/ queríamos um do outro. Ele disse isso pra mim antes de ir embora na última noite que nos vimos. Continuo sentindo saudade dele a todo instante.

E APAGA MEU NÚMERO, OBG

TÁ'

APAGA O MEU TAMBÉM

JÁ FIZ ISSO

NUNCA VOU TE LIGAR

NEM QUE EU ESTEJA MORRENDO

TÁ BOM ENTÃO

DESCULPA NÃO TER IDO NO JANTAR HOJE. ME LIGA ASSIM QUE CHEGAR EM CASA E EU PASSO AÍ.

Mensagem da minha namorada (estávamos juntos havia dois anos) se desculpando por não ter conseguido se juntar a mim e à minha família no meu jantar de aniversário de 21 anos. Quando voltei ao meu apartamento, liguei para ela e ela me contou que tinha conhecido outra pessoa. Ela terminou comigo no dia do meu aniversário. A maioria das pessoas tem boas histórias sobre a chegada dos 21 anos. A minha é horrível.

VOCÊ É UMA PESSOA TÃO
LINDA E ESPERO QUE
ENCONTRE ALGUÉM QUE
POSSA TE DAR TUDO
O QUE VOCÊ MERECE.
VOU ODIAR ESSA PESSOA
POR CONSEGUIR SER O QUE
EU NÃO PUDE, MAS A
ÚNICA COISA QUE QUERO
É TE VER FELIZ. QUERIA
QUE TUDO TIVESSE
SIDO DIFERENTE.

Queria tanto que fosse ele.

VOCÊ É A ÚNICA GAROTA QUE IMPORTA PRA MIM

Só que eu não era.

30 SEGUNDOS

EU ADORARIA TER 30 SEGUNDOS
PARA TE DAR UM ABRAÇO
PARA OLHAR NOS SEUS OLHOS E VER SEU SORRISO
PARA OUVIR O SOM DA SUA VOZ AO VIVO
PARA ABSORVER A FRAGRÂNCIA QUE TE RODEIA
PARA TE VER FELIZ.

BOM FIM DE SEMANA.

ABRAÇA

— EU

Recebi o e-mail antes de ele fazer uma viagem de fim de semana.
No dia seguinte, o carro que estava dirigindo capotou. Ele morreu duas noites depois.
Vai fazer uma década este ano, mas ainda penso nele com frequência.

ESTOU ME
SENTINDO
MELHOR.
OS MÉDICOS
TAMBÉM
ESTÃO.
OTIMISTAS.

Minha amiga havia sete anos, uma semana antes de morrer de câncer no cérebro.

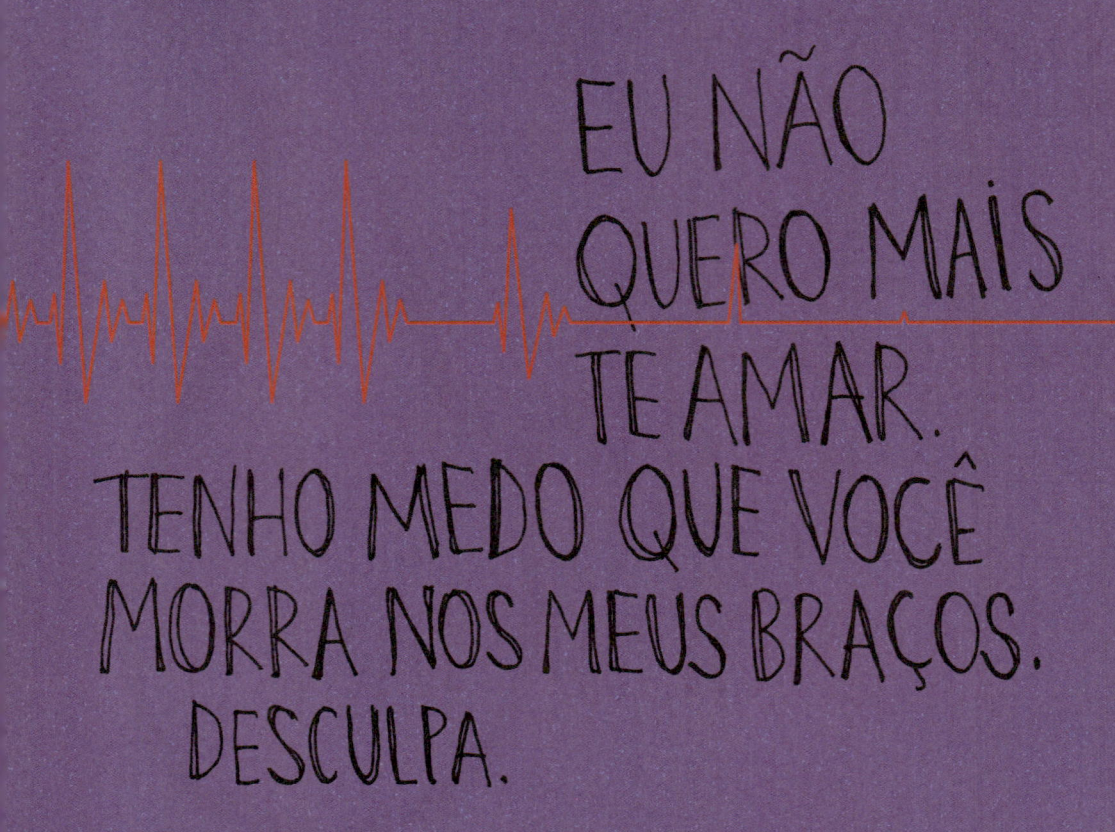

EU NÃO QUERO MAIS TE AMAR. TENHO MEDO QUE VOCÊ MORRA NOS MEUS BRAÇOS. DESCULPA.

Última mensagem que recebi dele. Fui diagnosticada com uma doença cardíaca; estávamos terminando e voltando havia mais de um ano. Quando ele descobriu que eu precisava de uma cirurgia, me deixou porque achava que eu poderia morrer na mesa de operação. Minha cirurgia é daqui a três semanas.

:(TÔ COM SAUDADE DE FALAR COM A MINHA GAROTA. SINTO TANTA FALTA DE VOCÊ E DA SUA PRESENÇA.

QUE SACO. HOJE ESTÁ SENDO TÃO DIFÍCIL E DEPRIMENTE. NÃO CONSIGO PENSAR DIREITO SEM VOCÊ AQUI.
SACOOO

Não respondi naquele dia porque estava brava com ele, e naquela mesma noite ele transou com outra pessoa.

PEÇA AO MÁGICO UM CORAÇÃO.

Conheci o cara mais incrível do mundo... Planejávamos envelhecer juntos e simplesmente sabíamos que éramos feitos um para o outro. Mas nós dois sofríamos seriamente de depressão e também tínhamos grandes medos. Um dia ele me mandou uma mensagem perguntando se eu podia buscá-lo no centro e respondi que não. A última mensagem dele para mim (ou para qualquer pessoa) dizia para eu pedir ao mágico um coração (sugerindo que eu não tinha um, igual ao Homem de Lata de *O mágico de Oz*). Isso me magoou de verdade e me deixou péssima. Não nos falamos mais. Um dia depois ele se matou. Isso me assombra todos os dias. Sinto falta dele mais do que tudo no mundo.

ESTOU TÃO
DECEPCIONADO
COM VOCÊ

NÃO ME PROCURE
NUNCA MAIS...
NÃO TENHO MAIS
NADA PRA DIZER...
NÃO CONTE COM
NENHUM APOIO MEU

BOM SABER.
OBRIGADA, PAI.
TCHAU.

A última coisa que o meu pai me disse depois de descobrir
que eu estava grávida aos dezessete anos.

PARABÉNS, DANIELLE. VOCÊ VAI LONGE. TENHO TANTO ORGULHO DE VOCÊ. TE AMO.

PAPAI

Essa foi a última coisa que meu pai me mandou antes de morrer, dois anos atrás.

VOCÊ ESTÁ TÃO LINDA.

Essa foi a última frase que minha mãe me disse. Eu tinha quinze anos e estava indo para a minha primeira festa numa escola nova de uma cidade nova. Ela estava em uma casa de saúde se recuperando de uma cirurgia nos quadris, porque o câncer havia corroído seus ossos. Essa foi a última coisa que ela disse na vida. Eu não queria ir à festa, meu desejo era ficar todos os instantes ao lado dela, mas ela insistiu. Ela morreu no dia seguinte. Já faz seis anos e ainda odeio quando as pessoas me dizem essa frase.

AGORA ESTOU LIMPO,
E ISSO É TÃO LIBERTADOR.
QUERIA QUE A SUA MÃE
FIZESSE O MESMO. VOCÊS,
FILHOS, MERECEM. TE AMO.
Tio

SÉRIO?! QUE DEMAIS!! ESTOU
TÃO FELIZ POR VOCÊ E PELAS
MENINAS! QUE BOM TAMBÉM
QUE VOCÊ ESTÁ EM CASA.

ESPERO QUE UM DIA ELA FAÇA
ISSO, MAS NÃO PODEMOS FORÇAR
NADA. SÓ PODEMOS TORCER
PARA QUE ELA VEJA A BELEZA
DISSO.

MANDE UM OI PRAS MENINAS
E PRA TIA. SAUDADE DE VOCÊS!!
VOU FAZER UMA VISITA LOGO,
PROMETO.

Na semana seguinte ele teve uma overdose de heroína e nunca cheguei a fazer a visita.
Desde então minha mãe está limpa.

– COMPORTE-SE NA ESCOLA.

– PODE DEIXAR, PAPI.

Isso foi quando conversamos pela última vez antes de eu voltar para o segundo semestre da faculdade. Ele morreu quatro meses depois, no mesmo fim de semana que decidi ir a um festival da minha universidade – a um estado de distância de onde ele morreu. Até hoje me odeio por ter escolhido o festival em vez de voltar para casa.

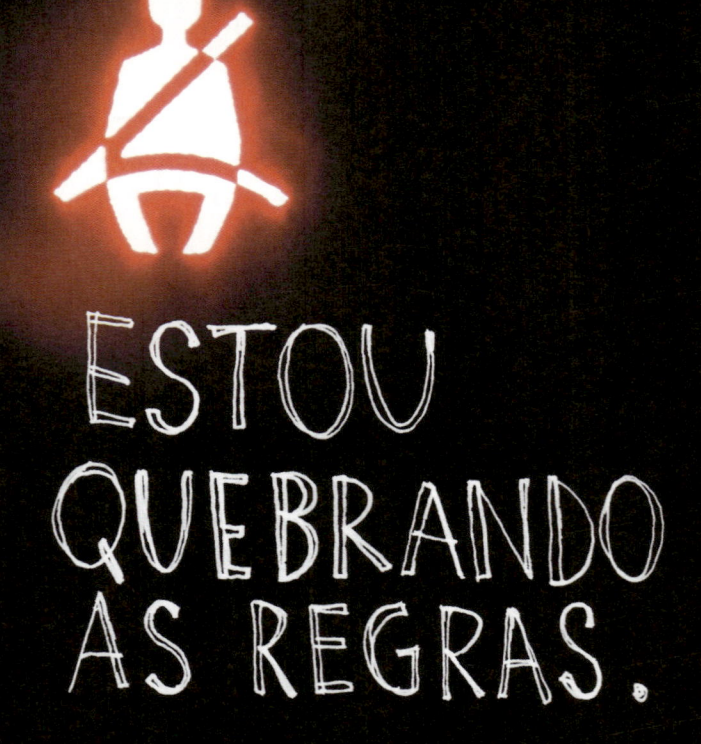

ESTOU QUEBRANDO AS REGRAS.

A última coisa que meu melhor amigo me disse pelo Snapchat a caminho da Flórida durante a semana do saco cheio. Ele estava deitado no banco de trás do carro, sem o cinto de segurança. Uma hora depois, sua família se envolveu em um acidente e ele foi arremessado do veículo. Ele teve morte cerebral no dia seguinte.

Ela era minha melhor amiga. Tivemos uma briga feia e ela terminou com isso.
Às vezes sinto falta dela, mas aí essa mensagem vem à minha cabeça.
Nos encontramos nos treinos duas vezes por semana, mas não nos falamos, e acho bom.

ME DEIXEM ORGULHOSA

DESCULPA, MAS ERA DEMAIS. ESPERO DE VERDADE QUE VOCÊ POSSA ME PERDOAR. DIGA AO PAPAI QUE SINTO MUITO, MAS NÃO CONSEGUI AGUENTAR MAIS.

SEJA FORTE.
TE AMO,
IRMÃZINHA

Bilhete que encontrei ao limpar o quarto da minha irmã, um ano após ela tomar uma overdose de comprimidos. Ela morreu duas semanas depois do meu aniversário, seis anos atrás, e ainda não sei se a perdoei.

NÃO ESTOU MAIS FELIZ. NÃO TE DEVO NENHUMA EXPLICAÇÃO. TCHAU.

Namoramos por mais de dois anos. Nunca mais ouvi falar dela.

SÓ QUERO FICAR SOZINHO.

Depois de três meses namorando o cara com quem achei que fosse passar o resto da minha vida, ele me mandou isso. Ele já tinha começado a se distanciar depois que fiquei bastante abalada quando uma pessoa muito próxima de mim morreu. Ele não entendia o luto, me fazia parecer idiota e patética, e não me proporcionava a paz de espírito de que eu precisava. Isso foi há dezoito meses e ainda penso nele como meu primeiro amor de verdade e minha relação do tipo "o que poderia ter sido".
No dia seguinte o vi em um aplicativo de relacionamento.
Ele obviamente não estava querendo ficar sozinho.

VOCÊ DEVIA COMPRAR SÓ UMA ENTRADA PRO BAILE.

Convidei o cara que estava namorando na época para ir ao meu baile de formatura do ensino médio. Ele era de outra escola. Essa resposta foi como ele terminou comigo. Quando o vi de novo, ele me tratou como se eu fosse um lixo. Acabei indo para o baile sozinha. Faz oito anos que isso aconteceu e até hoje não entendo por que ele terminou. Ainda dói.

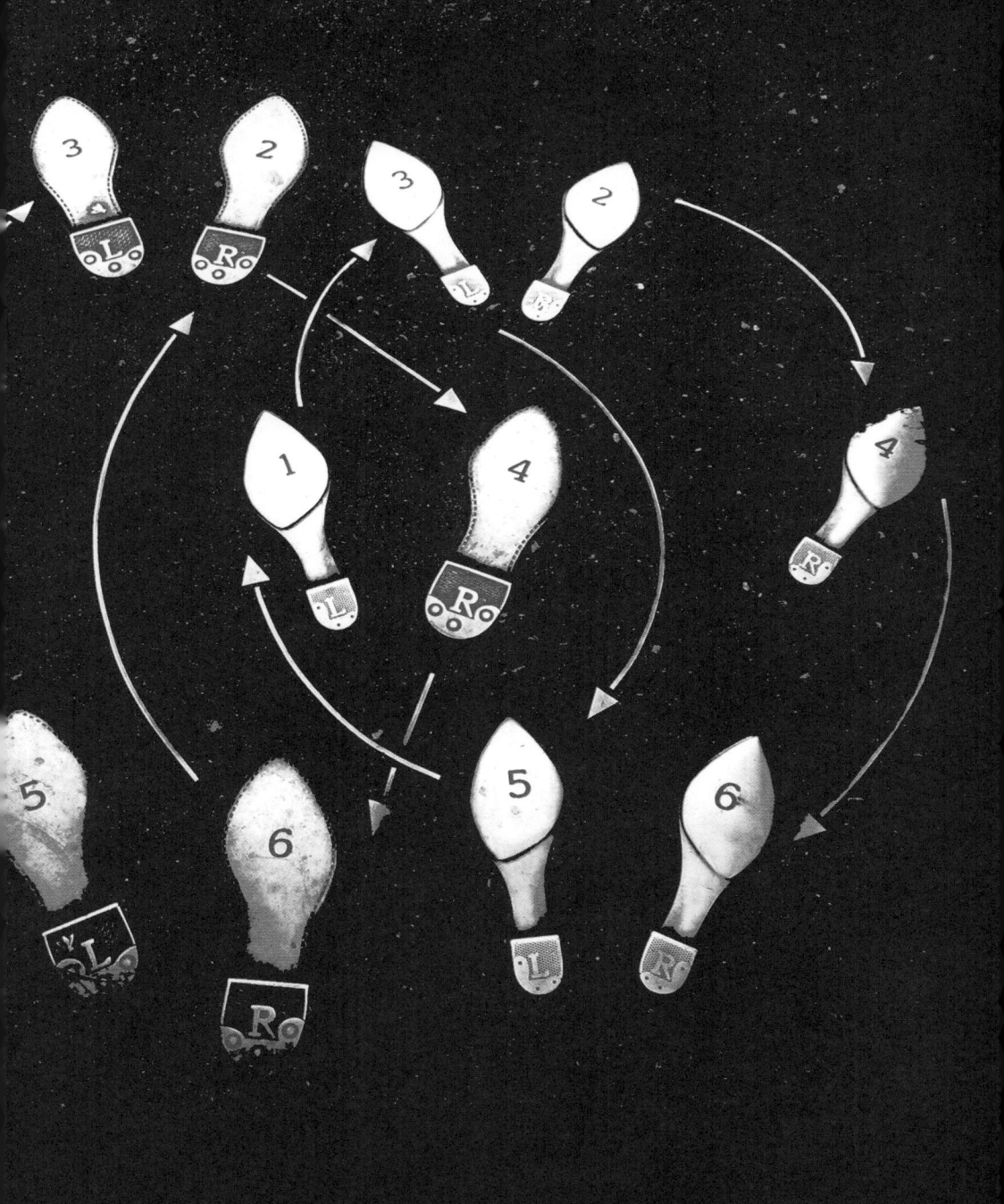

NÃO FIQUE MAL. NÃO ME DOU BEM COM NINGUÉM MESMO.

Ele sequer foi capaz de tentar, e eu me esgotei mentalmente por ele.

MÚSICA COUNTRY NÃO ALIVIA A SAUDADE QUE EU SINTO DE VOCÊ.

A primeira pessoa que realmente me mostrou o que é o amor.
Mas estávamos em momentos diferentes da vida, e nunca teria dado certo.

TE AMO PRA SEMPRE, ALMA GÊMEA.

Essa foi a última mensagem que meu ex-namorado me mandou antes de eu descobrir que, enquanto ele dizia que me amava, estava saindo com outra havia meses.

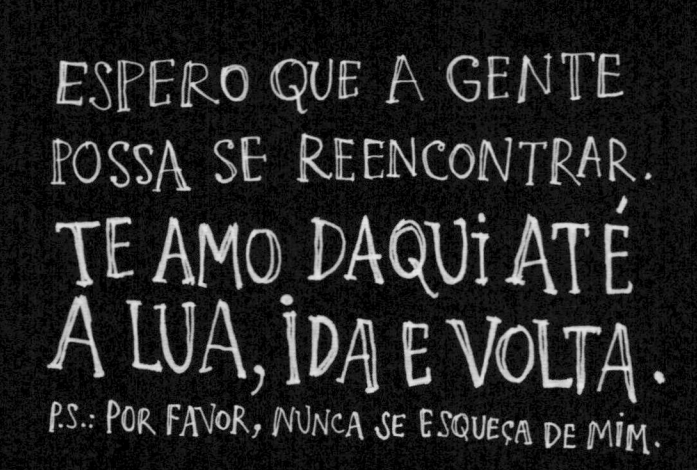

ESPERO QUE A GENTE
POSSA SE REENCONTRAR.
TE AMO DAQUI ATÉ
A LUA, IDA E VOLTA.
P.S.: POR FAVOR, NUNCA SE ESQUEÇA DE MIM.

Minha melhor amiga me mandou essa mensagem semana passada depois de eu
ter pedido para alguém entregar a ela uma carta que escrevi. Nós não nos falávamos fazia um ano,
desde que a minha namorada me proibiu de conversar com ela. Sinto muita saudade.

POR FAVOR,
NUNCA MAIS
ME MANDE
MENSAGEM. ESTOU
TENTANDO ESQUECER
QUE VOCÊ EXISTIU
UM DIA.

RECICLEI A CARTA
DE AMOR QUE VOCÊ
ME MANDOU PARA QUE
O FIM DA NOSSA HISTÓRIA
POSSA SER O INÍCIO DA
DE OUTRAS PESSOAS.

ONTEM À NOITE
SONHEI COM UMA
GAROTA QUE NÃO
ERA VOCÊ. QUEM
SABE ELA EXISTA.

DE QUALQUER FORMA,
SE ALGUM DIA A
GENTE SE ENCONTRAR
DE NOVO, TENTE NÃO
SER TÃO BABACA.

DESTA VEZ, NEM TENTE VOLTAR ATRÁS.

:)

Última coisa que meu melhor amigo me disse depois que eu o bloqueei em todas as redes sociais.

VOCÊ É A MELHOR AMIGA DO MUNDO.

A QUESTÃO É QUE ME SINTO MELHOR COM OUTRAS PESSOAS. NÃO GOSTO DE CONVERSAR COM VOCÊ.

Ela era minha melhor amiga. Fazíamos tudo juntas. Ainda não entendi o que aconteceu.

EI, CARINHA DE ANJO, TUDO BEM?

Última mensagem que minha mãe me mandou uma noite antes de se matar.
Eu ignorei e fui dormir, sem imaginar que aquela seria a última coisa que ela me diria.

HORA DE ACORDAR

Última mensagem que meu pai me mandou antes de morrer. Só vi uma semana depois.

SEMPRE DIZEM QUE DÁ PRA SABER QUANDO VOCÊ ENCONTRA A PESSOA CERTA, E É VERDADE. ALGO ME DIZ QUE VOCÊ É A PESSOA CERTA PRA MIM. NÃO ACHO QUE SERIA CAPAZ DE AMAR ALGUÉM COMO TE AMO.

Ele nunca mais falou comigo. Uma semana depois, ele já estava com outra pessoa.

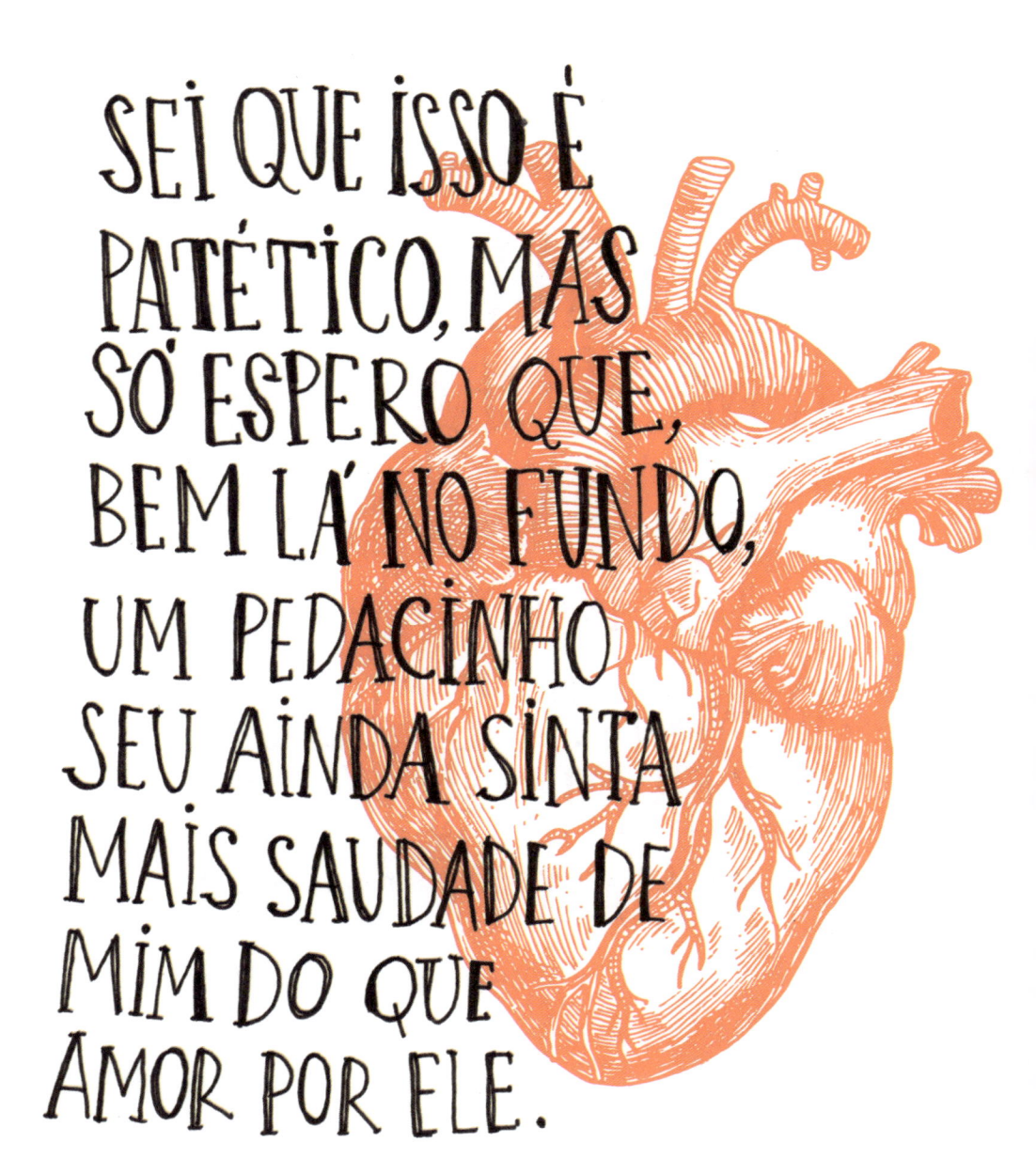

SEI QUE ISSO É PATÉTICO, MAS SÓ ESPERO QUE, BEM LÁ NO FUNDO, UM PEDACINHO SEU AINDA SINTA MAIS SAUDADE DE MIM DO QUE AMOR POR ELE.

Não quis responder e ser cruel.

EU TE FALEI QUE NÃO SERIA UMA AMIGA DE CONVENIÊNCIA, MAS ACONTECE QUE É EXATAMENTE ASSIM QUE VOCÊ TRATA SEUS AMIGOS.

Depois de meses de tensão e brigas, coloquei um ponto final numa amizade emocionalmente exaustiva e tóxica. Continuo achando que fiz a coisa certa, mas todo dia essas palavras vêm à minha cabeça e me sinto mal por como as coisas terminaram.

DEVOLVA O CARREGADOR DO MEU CELULAR.

Depois que eu abri meu coração para o meu melhor amigo
sobre como estávamos nos afastando.

SÓ VOCÊ ME CONHECEU DE VERDADE, SABIA O QUE EU SENTIA E QUEM EU REALMENTE ERA.

PROCURE OUTRA PESSOA PRA TE SALVAR. NÃO POSSO MAIS FAZER ISSO.

Ela tinha certeza de que eu estaria sempre presente, mesmo depois de ter me magoado. Finalmente chegou a hora de eu dar adeus.

VOCÊ FOI A MELHOR COISA QUE JÁ ACONTECEU NA MINHA VIDA, E TAMBÉM A PIOR. PRINCIPALMENTE A PIOR.

NÃO POSSO CONTINUAR COM ISSO. CHEGA DE MÚSICAS TRISTES. CHEGA DE DESPEDIDAS.

COSTUMAVA FICAR ANSIOSO PRA RECEBER SUAS MENSAGENS. QUERIA SABER SOBRE O SEU DIA E COMO VOCÊ ESTAVA. MAS AGORA JÁ NÃO SINTO MAIS ESSA NECESSIDADE.

Ele disse enquanto partia meu coração, espero que pela última vez.

VOCÊ VAI DESCOBRIR QUAL É O SEU PROBLEMA. VOCÊ É IGUALZINHA À SUA MÃE.

Meu pai, depois de ter me expulsado da casa dele, em março de 2015. Eu havia saído da casa da minha mãe em novembro de 2014, porque ele me convenceu a morar com ele e sua nova mulher. Nunca me senti tão traída.

ACHO QUE VOU PASSAR UM TEMPO COM A MINHA FILHA DE VERDADE, ENTÃO.

O ex da minha mãe depois de passar anos me dizendo que eu era como uma filha pra ele, mais até que sua filha biológica. E depois de eu finalmente enfrentá-lo por abusar de mim.

EI, SERÁ QUE VOCÊ PODE ME CONTAR OUTRA HISTÓRIA?

Sonolenta, a voz de uma menina de dez anos, encostada em mim. Ela é pequena e delicada, como uma florzinha. Eu tinha doze anos, e era sua prima mais velha e amiga mais próxima. Nossas histórias eram sobre uma princesa que era cavaleira, cujo príncipe era um dragão. Então contei outra história até ela cair no sono e fiz o melhor que pude para não entrar em pânico (mas simplesmente chamar a mãe dela) quando percebi que ela tinha parado de respirar. Seu nome era Lucinde. Ela tinha câncer e será para sempre a princesa digna das histórias que inventamos.

TENHO SAUDADES DA MINHA MENINA LINDA.

Só que não sou mais sua menina linda.

ÚLTIMAS MENSAGENS RECEBIDAS
SALVOU MINHA VIDA

UMA DAS PARTES MAIS GRATIFICANTES DE CRIAR
O TUMBLR **THE LAST MESSAGE RECEIVED**

foi descobrir a paz de espírito e a ajuda que ele oferece tanto para quem compartilha suas últimas mensagens quanto para quem as lê. Cheguei à conclusão de que esse projeto é extremamente positivo para as pessoas que estão lidando com a perda e o luto – seja pela morte de alguém próximo ou pelo término de uma relação romântica ou não –, ao mostrar que outros sobreviveram a situações similares.

Estas mensagens de seguidores do **The Last Message Received** mostram como a comunidade criada por esse Tumblr está ajudando as pessoas. Ao compartilharmos algumas das piores coisas pelas quais passamos, podemos trazer conforto a nós mesmos e aos outros.

SEMPRE QUE **ME SINTO** MAL **COM AS ÚLTIMAS**
mensagens que já recebi, venho **aqui e leio o que as pessoas** compartilharam e não me sinto tão só.

"

UMA **ÚLTIMA MENSAGEM**

DE UMA **IRMÃ** QUE SE MATOU

ME EMOCIONOU MUITO.

Nos últimos tempos tenho me sentido perdida e deprimida. Estou feliz por ter lido essa mensagem. **Não quero causar esse sofrimento para o meu irmão mais novo.** Obrigada!

PASSANDO PELO PIOR MOMENTO DA MINHA VIDA, **sinto que essa página é** como um porto seguro. Um lugar onde não me sinto só, mesmo que seja apenas por três minutos. Obrigado.

“

OBRIGADA, MUITO OBRIGADA

POR DISPOR DE SEU TEMPO PARA AJUDAR A DAR VOZ ÀQUELES QUE SE SENTEM SILENCIADOS, sozinhos e magoados. Você não faz ideia de quantas vidas salvou até agora ao proporcionar a pessoas como eu – que sentem que sua única/melhor saída é acabar com tudo – um canal para sabermos que não estamos sozinhos em nossos sofrimentos e dores mais terríveis. Embora a situação não seja exatamente a mesma, a mensagem por trás de tudo é. Obrigada do fundo do coração pela preocupação, e torço para que você continue fazendo coisas maravilhosas.

EI! SÓ QUERO **AGRADECER.**
JÁ PASSEI POR ALGUNS PERÍODOS
DEPRESSIVOS; O ÚLTIMO FOI
especialmente ruim. Ler esse blog
(entre outras coisas) me ajudou
bastante a superar. Superobrigado!

"

O.K., VOCÊ PROVAVELMENTE NÃO ESTÁ INTERESSADA EM SABER

e peço desculpas pelo incômodo, mas o seu blog salvou minha vida, literalmente. Sempre que me sinto pra baixo a ponto de querer me machucar, passo aqui e vejo que não quero que minha família tenha que refletir sobre a última coisa que eu disse. É por isso que ainda estou aqui, porque todos que compartilharam suas mensagens me fizeram perceber como seria egoísta da minha parte fazer isso. Obrigada por me ajudar a entender que, **embora eu esteja me sentindo sozinha agora, algumas pessoas realmente sentiriam minha falta.**

ACABEI DE SAIR DE UM

HOSPITAL PSIQUIÁTRICO DEPOIS de meio ano de pensamentos suicidas e automutilação. Esse blog me deixa incrivelmente feliz, pois nunca mandei minhas últimas mensagens. **Falem com as pessoas que vocês amam.** Obrigado!

" FAZ UM MÊS QUE PERDI MEU PAI PARA O SUICÍDIO. NÃO FAZÍAMOS IDEIA DE QUE ELE ESTAVA SOFRENDO, E ELE NUNCA DEU NENHUM INDÍCIO. Há cerca de duas semanas, encontrei esse blog e passei horas navegando, até terminar de ler todas as histórias às seis da manhã. Isso me ajudou a perceber que não estou sozinha. Assim como outras pessoas que passaram por coisas parecidas, também vou conseguir superar. Muito obrigada por ter feito esse blog.

EU QUERIA **DIZER PARA**

ALGUMAS PESSOAS QUE

COMPARTILHARAM SUAS MENSAGENS

que elas são muito melhores do que quem as tratou mal. Não sofram: quem não te quer não é bom o bastante para você. Além disso, eu não tinha me dado conta até ler algumas mensagens de como os relacionamentos são frágeis. Mais um motivo para **você se cuidar e ser fiel a si mesmo. :)**

COMPARTILHE SUAS MENSAGENS

AGORA QUE VOCÊ JÁ LEU ESTA SELEÇÃO DE MENSAGENS, ESPERO QUE SE INSPIRE A COMPARTILHAR as últimas mensagens que recebeu. É surpreendentemente catártico, e você vai fazer parte de uma comunidade on-line de apoio cada vez maior. Saiba mais informações para enviar sua mensagem a seguir.

COMO FAÇO PARA COMPARTILHAR MINHA MENSAGEM?

Você pode enviá-la para consideração na página:

thelastmessagereceived.tumblr.com/submit

Ou mandá-la por e-mail para

lastmessagereceived@yahoo.com

É ANÔNIMO?

Sim. Posto todas as mensagens de forma anônima.

POSSO MANDAR
UMA MENSAGEM DE VOZ?

Sim. Você pode enviar
uma mensagem de voz por e-mail para
lastmessagereceived@yahoo.com

Ouça as contribuições já enviadas em
soundcloud.com/thelastmessagereceived

É PERMITIDO O USO DE PALAVRÕES?

Sim.

VOCÊ POSTA
TODAS AS CONTRIBUIÇÕES ENVIADAS?

Faço o que posso,
mas como recebo milhares
de contribuições,
algumas levam um tempo
para serem postadas.
Eu sou uma só!

POSSO ENVIAR ALGO ESCRITO EM OUTRA LÍNGUA QUE NÃO O INGLÊS?

Sim. Não há
problema em
compartilhar
uma mensagem
na sua língua
materna.

A G U A R D O
A SUA MENSAGEM!

CASO VOCÊ NÃO QUEIRA PUBLICAR NO TUMBLR,
PODE ESCREVER AQUI
ALGUMAS DAS ÚLTIMAS MENSAGENS QUE RECEBEU E A HISTÓRIA POR TRÁS DELAS.

SE VOCÊ OU ALGUÉM QUE VOCÊ CONHECE
ESTÁ COM DEPRESSÃO
OU PENSANDO EM SE MACHUCAR, NÃO HESITE EM BUSCAR AJUDA.

Centro de Valorização da Vida (CVV)
www.cvv.org.br
Telefone: 188

**Associação Brasileira de Familiares, Amigos
e Portadores de Transtornos Afetivos (Abrata)**
www.abrata.org.br
Telefone: (11) 3256 4831

**Associação Brasileira de Estudos
e Prevenção do Suicídio (Abeps)**
www.abeps.org.br

Fênix – Associação Pró Saúde Mental
www.fenix.org.br
Telefone: (11) 3208 1225

A G R A D E C I M E N T O S

PRIMEIRAMENTE, OBRIGADA A TODOS QUE MANDARAM SUAS **ÚLTIMAS MENSAGENS** OU QUE LERAM AS CONTRIBUIÇÕES ENVIADAS por outras pessoas. Todos vocês foram essenciais para tornar esse projeto possível e mudar tantas vidas para melhor. Obrigada, do fundo do coração.

Em segundo lugar, gostaria de agradecer a algumas pessoas incríveis que deram apoio a este livro e a mim.

Obrigada a Heather Flaherty e aos demais agentes da Bent Agency.

Obrigada à Random House, especialmente a Emily Easton e a todos os envolvidos no processo de edição.

Obrigada a Rian, Misty e Andy.

Obrigada a meu pai, minha mãe, Katie, Ashley, Courtney, Ethan, Rachel, ao tio Scott e à tia Gina, ao tio Chris e à tia Xiao Li, e ao resto da família.

SOBRE **A AUTORA**

EMILY TRUNKO

É UMA GAROTA DE DEZESSEIS ANOS DA CIDADEZINHA DE COPLEY, NO ESTADO DE OHIO, ESTADOS UNIDOS. Aos onze anos, ela começou um blog de resenhas de livros chamado On Emily's Bookshelf [Na estante de Emily], e aos catorze lançou o Clover Chain Project [Projeto Corrente de Trevos], dedicado a reunir adolescentes enfrentando dificuldades parecidas. Emily criou duas páginas no Tumblr que viraram um fenômeno na internet e foram transformadas em livro: **Dear My Blank** (que virou o livro *Cartas secretas jamais enviadas*) nasceu

a partir de cartas que ela mesma escreveu mas nunca teve intenção de enviar; e **The Last Message Received** (que virou este livro, *Últimas mensagens recebidas*) brotou da curiosidade sobre bilhetes, mensagens e textos que mudaram a vida de seus destinatários.

Tipografia **Titling Gothic**

Diagramação **Ale Kalko**

Papel **Alta Alvura, Suzano S.A.**

Impressão **Geográfica, novembro de 2020**